一代女皇

武则天

◎◎ 主编 金开诚

◎◎ 编著 张 皓

吉林出版集团有限责任公司

吉林文史出版社

图书在版编目（CIP）数据

一代女皇——武则天 / 张皓编著 . 一长春：吉林
出版集团有限责任公司，2011.4（2022.1重印）

ISBN 978-7-5463-5023-3

Ⅰ.①一… Ⅱ.①张… Ⅲ.①武则天（624～705）－
生平事迹 Ⅳ.①K827=42

中国版本图书馆CIP数据核字（2011）第053452号

一代女皇——武则天

YIDAI NVHUANG WUZETIAN

主编/金开诚 编著/张 皓

项目负责/崔博华 责任编辑/崔博华 邱 荷

责任校对/邱 荷 装帧设计/李岩冰 张 洋

出版发行/吉林文史出版社 吉林出版集团有限责任公司

地址/长春市人民大街4646号 邮编/130021

电话/0431-86037503 传真/0431-86037589

印刷/三河市金兆印刷装订有限公司

版次/2011年4月第1版 2022年1月第5次印刷

开本/650mm×960mm 1/16

印张/9 字数/30千

书号/ ISBN 978-7-5463-5023-3

定价/34.80元

关于《中国文化知识读本》

文化是一种社会现象，是人类物质文明和精神文明有机融合的产物；同时又是一种历史现象，是社会的历史沉积。当今世界，随着经济全球化进程的加快，人们也越来越重视本民族的文化。我们只有加强对本民族文化的继承和创新，才能更好地弘扬民族精神，增强民族凝聚力。历史经验告诉我们，任何一个民族要想屹立于世界民族之林，必须具有自尊、自信、自强的民族意识。文化是维系一个民族生存和发展的强大动力。一个民族的存在依赖文化，文化的解体就是一个民族的消亡。

随着我国综合国力的日益强大，广大民众对重塑民族自尊心和自豪感的愿望日益迫切。作为民族大家庭中的一员，将源远流长、博大精深的中国文化继承并传播给广大群众，特别是青年一代，是我们出版人义不容辞的责任。

《中国文化知识读本》是由吉林出版集团有限责任公司和吉林文史出版社组织国内知名专家学者编写的一套旨在传播中华五千年优秀传统文化，提高全民文化修养的大型知识读本。该书在深入挖掘和整理中华优秀传统文化成果的同时，结合社会发展，注入了时代精神。书中优美生动的文字、简明通俗的语言、图文并茂的形式，把中国文化中的物态文化、制度文化、行为文化、精神文化等知识要点全面展示给读者。点点滴滴的文化知识仿佛繁星，组成了灿烂辉煌的中国文化的天穹。

希望本书能为弘扬中华五千年优秀传统文化、增强各民族团结、构建社会主义和谐社会尽一份绵薄之力，也坚信我们的中华民族一定能够早日实现伟大复兴！

目录

一、家庭背景   001

二、初入宫廷   011

三、被封昭仪   017

四、封后称帝   033

五、政变复唐   115

六、历史评价   125

一、家庭背景

武则天（624—705），名曌。中国历史上唯一的女皇帝，即位时67岁，终年82岁。唐高宗时为皇后（655—683），唐中宗时为皇太后（683—690），690年后自立为武周皇帝，705年退位。

武氏为唐开国功臣武士彟次女，母亲杨氏，祖籍并州文水县（今山西省文水县），生于长安（今陕西西安），生活在利州（今四川省广元市）。父亲武士彟，官拜正三品工部尚书，封应国公。其母杨氏，出身

名门，但文水武家却家世一般，武士彟以
经营木材为业，家境殷实，因而得以结交
唐朝开国皇帝李渊。隋炀帝大业末年，李
渊任职河东和太原之时，曾多次在武家留
住。隋炀帝命李渊镇守太原。李渊在太原

起兵反隋以后，武家曾资助过钱粮衣物，故唐朝建立以后，曾享受"太原元谋勋效功臣"的荣誉，历任工部尚书、黄门侍郎、库部侍郎、判六尚书事、扬州都督府长史、利州（治所在今四川广元）、荆州（治所在今湖北江陵）都督等职。唐高祖还亲自为他做媒续弦，撮合了他和武则天生母杨氏的婚事。

虽然外祖父家是关中军事贵族的重

要成员，武则天有高等士族的血统，但当时的门第是按父辈来论的，武士彟的出身不过是一介地主富商。他作为开国功臣，官居三品，爵封三等，以"今日冠冕"而论，可以跻身士族，但是唐太宗贞观十二年（638年）修的《氏族志》，并"不叙武氏本望"，按照传统的门阀观念，把武则天家族排斥在外，社会上敌对派攻击她家"地实寒微"，连突厥人都称"武，小姓"。

家庭给予武则天的，一方面是当时上

流社会的荣华富贵，另一方面是寒门的根
底。荣华富贵滋养了她无限的权力欲，寒
门根底却使她饱受流俗的鄙视攻击。在
一个极重门第的门阀社会里，她这样寒门
新贵出身的人，政治前途是坎坷多难的。
正像在一座大开的希望之门前，横着无法
逾越的障碍。这出身境遇刺激着武则天，
她那追逐最高权力，要支配一切的欲望和
不择手段地报复一切的心理并存的独特
的女皇性格，便是在这样的家庭环境中培
养起来的。

二、初入宫廷

贞观元年（627年），武士彟改任利州（今四川广元）都督，三岁的武则天随父亲来到这蜀门重镇，在那里度过了自己美好的童年。武则天从小性格强直，不习女红，唯喜读书，故知书达理，深谙政事。童年时代，曾随父母遍游名山大川，阅历丰富，培养了她的眼界和才干。武士彟在利州任五年都督后，改任荆州（今湖北江陵）都督。贞观九年（635年），武士彟去世后，武则天孤儿寡母四人的生活，由于受到武家子侄的苛待而陷入困境。

贞观十年（636年），唐太宗贤惠的长孙皇后去世。第二年唐太宗听说年轻的武则天长得明媚娇艳，楚楚动人，便将她纳入宫中。年仅14岁的武则天，很乐意摆脱异母兄长们的欺凌，满怀对宫廷神秘生活的憧憬，步入深宫。武则天入宫时母亲杨氏非常伤心，武则天小小年纪却自有主张，她轻松地劝慰寡居的母亲杨氏说："侍奉圣明天子，岂知非福，为何还要哭哭啼啼，作儿女之态呢？"

武则天进宫后被唐太宗封为四品才

人，赐号"武媚"，故称武媚娘。有一次，她听说唐太宗有一匹名叫"狮子骢"的烈马，无人能够驯服，便主动对唐太宗说："臣妾能制伏陛下的这匹烈马，但需三件器物：一是铁鞭，二是铁槌，三是匕首。我先用铁鞭抽它，如果不服，再用铁槌击它的头，再不服，就用匕首割断它的喉咙。"唐太宗乃爱马之人，对她的驯马方法甚不认同，只觉武才人很是霸道。

武则天在唐太宗后宫十二年，一直只是个正四品的才人，才人料理皇帝的食宿生活琐事，是最低级的内官。从14岁到26岁，武则天一生中最好的一段青春年华虚度在深宫后院中，除了宫中严格要求女官们读书习文增长了她的知识外，没有任何收获。

三、被封昭仪

贞观十七年（643年），太子李承乾被废，晋王李治被立为太子。于是不甘寂寞的武才人借太宗晚年多病太子入侍之便，与李治暗中往来，打定了把自己托付给这位比自己小四岁的储君的主意。性格刚强又长于心计的武则天，很容易便取得了懦弱的李治的好感。

贞观二十三年（649年）唐太宗去世。依唐后宫之例，武才人和后宫没有生育

过的侍妾入感业寺削发为尼。永徽元年（650年），唐高宗在太宗周年忌日入感业寺进香之时，又与武则天相遇，两人相认并互诉离别后的思念之情。由于无子而失宠的王皇后将此事看在眼里，便主动向高宗请求将武则天纳入宫中，企图以此打击她的情敌萧淑妃。唐高宗早有此意，当即应允。

永徽二年（651年）五月，唐高宗的孝服已满，武则天便再度入宫。次年五月，被拜为二品昭仪，比才人高了两等。过去争风吃醋的王皇后和萧淑妃预感到自己的

地位受到了威胁，便联合起来诋毁武昭

仪。由于外廷官僚的介入，这场后宫的争

斗意义不同寻常。

永徽三年（652年）七月，后宫刘氏所

生的唐高宗长子李忠被立为太子，这是经

过王皇后同意后，太尉长孙无忌及另外三

名宰相褚遂良、韩瑗、于志宁一起出面办的。而后又拉张行成、高季辅、宇文节在太子东宫兼职，为李忠安排了一个最强有力的保护班子。所有宰相，除李勣一个人全部都卷入了这一立储事件。

　　原来这时武则天怀孕的消息已从后宫传出来——半年后生下了她和唐高宗的第一个儿子李弘，这使没有生育过的王皇后感到恐慌。但是操纵外廷的是托孤大臣长孙无忌，一个世纪以来掌握西魏、北周、隋、唐政权的关中军事贵族或称关陇集团，也以长孙无忌为核心。王皇后是西魏大将军王思政的后人，长孙无忌一伙为其政治集团的利益着想，自然要极力维护王皇后，反对武则天，从而匆忙导演了这场抢占太子位的好戏。

武则天隐忍了两年，看起来她只是接二连三地为唐高宗生儿育女。但是到了永徽五年（654年），事情发生了转机。

立太子李忠的事件告诉武则天，内外廷都是容不得她的。既然没有了退路，她绝不安分守己听天由命，决定下毒手嫁祸于人。永徽五年（654年）初，武则天生下

一女婴，唐高宗视小女儿如掌上明珠。有一天，王皇后独自前来探望女婴，等王皇后离去以后，武则天见机狠心掐死了自己的亲生女儿。稍后高宗前来，掀开被子一看，大惊失色，忙询问情况。侍奉宫女都说王皇后刚刚离开此地，武则天也痛哭流涕，乘机历数皇后的种种不端。唐高宗听后深信不疑，认定女婴为王皇后所害，顿生废立之心，同时也想借废立皇后打击权臣。以当时情形而论，武则天只有施展宫廷阴谋，脚踩自己幼女的尸体，才朝皇后位置迈进了一步。

于是，唐高宗李治便和武则天一起来到长孙无忌府第，借饮宴刺探他的立场。在饮宴期间，高宗先是把无忌的三个儿子拜为朝散大夫，又赐给他大量金银锦帛，接着再吐露打算废立皇后的心意。但长孙无忌只是岔开话题，回避正式的表态。唐高宗和武则天没有达到目的，只得回宫。不久，武则天又指示她的母亲杨氏

到长孙无忌处说项，却遭到长孙无忌的严词拒绝。武则天终于明白，以自己的出身门第，根本不可能指望得到贵族遗老们的支持，她和长孙无忌集团的决斗提到日程上来了。

武则天在一群不得志的官僚中找到了支持者，诸如中书舍人李义府、王德俭、御史大夫崔义玄、御史中丞袁公瑜和许敬宗，都是关陇集团以外的人。李义府按照许敬宗外甥王德俭的主意，首先上表请求废王皇后立武昭仪。武则天大喜，私下派人劳勉，李义府随即被提拔为中书侍郎。有这些人在外廷替她说话办事，她如虎添翼，可以同长孙无忌摊牌了。

永徽六年（655年）六月，王皇后与其母柳氏找来巫师，企图用"厌胜"之术，将武则天诅咒而死。事情败露之后，唐高宗在盛怒之下，不但将柳氏赶出宫中，而且还想把武则天由昭仪升为一品宸

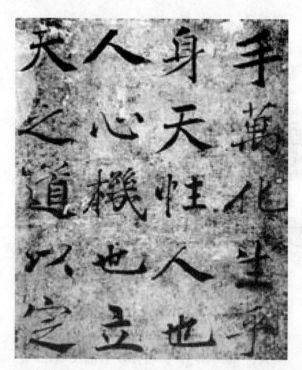

妃，但由于遭到宰相韩瑗和来济的反对，最后不能成事。

不久，中书舍人李义府等人得知唐高宗欲废皇后而立武则天的消息后，勾结许敬宗、崔义玄、袁公瑜等大臣，再次向唐高宗接连投递了请求立武则天为后的表章。唐高宗看到有不少人支持，废立之意再次萌生。

永徽六年（655年）八九月间，皇帝正

式提出废立大事，借口是"皇后无子，武昭仪有子，今欲立昭仪为后"。长孙无忌一派反对，褚遂良、韩瑗等人也坚持己见："皇后名家，不可轻废。一定要换，也要妙择天下令族，礼义名家，不可立武氏。"还抬出妲己、褒姒等女祸倾覆殷周的故事为亡国的鉴诫。宰相中唯有李勣对皇帝说："此陛下家事，何必更问外人！"暗示他不要理会众人的反对，于是唐高宗李治拿定了主意。九月，高宗先贬褚遂良为外官；十月，下诏废王皇后，贬萧淑妃为庶人，立武则天为皇后。十一月，李勣主持了册封皇后礼。第二年正月，太子李忠黜为梁王，李弘取代他为太子。

四、封后称帝

永徽六年（655年）十一月初，武则天又派人将正被囚禁的废后王氏和萧淑妃各打一百棍杖，并割去手、足，投入酒瓮之中，还气愤不过地说："让这两个泼妇的骨头醉死酒中。"王、萧二人在酒瓮中哭喊了几天几夜，终于气绝而死。临死以前，萧淑妃大声骂道："阿武妖精，竟恶毒至此！愿来世转生为猫，阿武为鼠，我要活活将她喉咙咬断。"据说武则天后来在宫中禁

止养猫，而且常常夜梦王、萧二人披头散发，在宫中作祟。所以，她在执掌朝政以后，就常住东都洛阳，终身不归长安。

显庆四年（659年）四月，武则天又捏造罪名，将长孙无忌、于志宁、韩瑗、来济等人削职免官，贬出京师。褚遂良贬死爱州（今越南清化），长孙无忌在黔州（今四川彭水）被逼自缢，韩瑗死在振州（今海南岛崖县西），还开棺验尸。此外来济远贬庭州（今新疆吉木萨尔），于志宁免官，长孙氏、于氏和褚氏等一批亲属子弟或杀或贬，他们在朝中的势力被摧垮殆尽。

至此，反对武则天的大臣被收拾得

一个不剩。

（一）独揽朝政

显庆五年（660年），高宗患上头风之疾，头晕目眩，不能处理国家大事，遂命武则天代理朝政。但武则天生性霸道，故每当决事，高宗每每受制于武则天。高宗非常不满，于是在麟德元年（664年）利用皇后与皇帝间的一些摩擦，宦官王伏胜告皇后行蛊祝，宰相上官仪乘机劝皇帝，打算废掉武则天皇后之位。在唐高宗李治的授意下，上官仪起草了废武则天皇后的诏书。但上官仪的废后诏书还未草拟好，武

则天即已接到消息。她直接来到高宗面前，追问此事，懦弱的唐高宗不得已，便把责任推到上官仪身上。上官仪和王伏胜当初都是废太子李忠的僚属，武则天指使许敬宗诬告他们与李忠谋大逆。十二月，上官仪、上官庭芝父子和王伏胜被杀，上官庭芝的妻子和女儿上官婉儿入宫为婢，监禁在黔州的李忠被赐死。从此以后，唐高宗每次上朝，武则天必在帘后操纵，天下大权完全归武后掌握，甚至连生杀大事都由武后决定，天子高宗只能唯命是从。

长达十二年的皇后和太子位之争,武则天取得了全胜。在这场斗争中双方营垒分明:王皇后长孙无忌一边,是士族门阀地主最后的政治代表关陇集团;武则天李勣一边,是新晋寒门地主的政治代表。武则天的胜利,意味着魏晋以来士族门阀地主控制中央政权四个半世纪的历史结束了。上层建筑的这一变革,和中国封建社会由前期的门阀地主部曲佃客制经济向普通地主契约的佃农制经济

的过渡是同步进行着的。关陇集团的垮台
更直接导致了关陇地区军事贵族地主部
曲佃客制最后覆灭。这有利于普通地主
取代没落的门阀地主，活跃封建经济，并
符合使之向前发展的历史潮流。武则天为
关陇集团和门阀制度唱响了挽歌，她登上
了政治历史舞台。

（二）选拔人才

为了培植亲信，改造官僚队伍，武则天破格用人，并且在她当政期间进一步发展科举制度。咸亨年间（670—674），进士科成为科举诸科的中心。贞观年间共录取进士二百零五人，高宗武后统治期间共录取一千余人。平均每年录取人数比贞观时增加一倍以上，平均为二十余人，而且更加重视以文章取士，史家称这和"太后颇涉文史，好雕虫之艺"有关。与实际

上以门第取人的九品中正旧制度相比，这
种"学而优则仕"的科举制度无疑是历
史的进步。唐玄宗开元之治的名相姚崇、
宋璟、张九龄和文坛巨豪陈子昂、刘知几
等，都是这时期通过科举制度选拔出
来的杰出人才。

　　武后载初元年（690年）武则天在
洛城殿对贡士亲发策问，数日方了，是
"殿试"之始。这一年遣"存抚使"十人巡
抚诸道，推举人才，一年后共举荐一百余
人，武则天不问出身，全部加以接见，量
才任用，或为试凤阁（中书省）舍人、给事
中，或为试员外郎、侍御史、补阙、拾遗、
校书郎，试官制度自此始，时人有"补阙
连车载，拾遗平斗量，把推侍御史，腕脱
校书郎"之语。武后虽以官位收买人心，
然而对不称职的人亦会加以罢黜；明察
善断，故当时的人亦乐于为武后效力。长
安二年（702年）又设武举，选拔将
军。科举考试时用"糊名"等办法

防止作弊。她还不时下诏求贤，允许自举。

武则天待人能进用不疑，求访无倦，得官虽易，课责却严，"不肖者施黜，才能者骤升，是以当代谓知人之明，累朝赖多士之用"。最著名的如姚崇、宋璟，这时都已被她破格提拔担任要职，后来他们成为开元名相。所以又可以说，武则天还为后来的开元之治作好了干部方面的准备。但她这时选拔上来的官员太多，正员已满，就作员外官安置，最后员外官数达到两千

人，不仅增加了财政负担，也影响了吏治，
到开元初成为一大弊端。

（三）北门学士

"二圣"时期，表面上是唐高宗和
武则天共同执掌朝政，但由于高
宗身体状况越来越差，实际上是
由武则天以皇后的身份来处理国事。

　　她非常清楚，自己深居后宫，要想驾
驭整个国家机器，还需要建立一支属于
自己的亲信力量。当年曾为她争取皇后
地位出过大力的亲信们，十多年来，
大都被淘汰殆尽了，只剩下李勣、许
敬宗两人，也已是风烛残年，不久于
人世了。因此，武则天准备重新建立一
支力量，作为自己治国安民的工具。

　　666年，武则天物色了一批才学俱
佳的文人学士。这批文人学士被特许
从玄武门出入禁中，时人称之为

"北门学士"。

武则天"以修撰为名"，把这些文章高手召入禁中之后，编写了一批署武则天之名的著作，先后撰成《玄览》《古今内范》《青宫纪要》《少阳政范》《维城典训》《紫枢要录》《凤楼新诫》《孝子传》《列女传》《内范要略》《乐书要录》《百僚新诫》《兆人本业》《臣轨》等书。

武则天召集的"北门学士"，名义上

是修撰著作，实际上是武则天的智囊团，武则天密令他们参决朝政，"以分宰相之权"。这批"北门学士"组成的智囊团，为武氏造舆论、定主张出了很大的力。在此后的二十余年中，武则天不仅在皇后的位置上坐得稳稳当当，高宗死后她又临朝称制，并逐步改唐为周，这些都是与"北门学士"分不开的。因此，武则天也没有忘记这些功臣，他们多数被擢升为三四品高

官，范履冰、刘祎之还官至宰相，长期受到重用。

"北门学士"不仅帮助武则天分减皇权和相权，而且在有关国家的经济、军事、文化、政治等方面为武则天出过不少良策。674年，唐高宗称天皇，武则天升为天后，四个月之后，她就在"北门学士"的协助下，提出了治理国家的一个政治纲领:《建言十二事》。其内容为:"一、劝农桑,薄赋徭。二、给复三辅地(免除长安及其附近地区之徭役)。三、息兵,以道德化天下。四、南、北中尚(政府手工工场)禁浮巧。五、省功费力役。六、广言路。七、杜谗口。八、王公以降(下)皆习《老子》。九、父在为母服齐衰(丧服)三年(过去是一年)。十、上元(年号)前勋官已给告身(委任状)者,无追核。十一、京官八品以上,益廪入(增加薪水)。十二、百官任事久,才高位下者,得进阶(提级)申滞。"

武则天建言劝农桑、薄徭赋、给复三辅地,并禁浮巧、省力役,对于缓解灾荒

起到了一定的作用。"北门学士"从组织伊始，直到武则天登基称帝的二十多年中，一直是武则天手中重要的执政工具。武则天正是通过这个由文章高手组成的智囊班子，才一步一步地从皇后、天后走向皇帝宝座。称帝之后，武则天总揽朝纲，广招天下俊杰，"北门学士"的地位才慢慢不那么重要了。

（四）与子争权

670年以后，武则天逐渐成长起来的儿子们，成为权势欲极强的她继续扩充势力的麻烦。历来史书上都有武则天杀害自己的大儿子李弘和二儿子李贤的说法。

太子李弘"礼接士大夫，中外属心"，咸亨二年（671年）以后，时高宗风眩更甚，拟使武后摄政，宰相郝处俊说："陛下奈

何以高祖、太宗之天下，不传之子孙而委之天后乎！"高宗才罢摄政之意。太子弘深为高宗钟爱，高宗欲禅位于太子，因此唐高宗一再让李弘监国或处理朝政。武后想总揽大权，不满于太子弘，刚好太子弘发现，他的年逾三十的两个姐姐，即萧淑妃之女义阳、宣城二公主，因其母犯案遭牵累而被幽禁宫中，年逾三十而未嫁，便奏请准她们出嫁。李弘因管这件闲事惹恼了武则天，此后几次奏请连旨，因此失爱于武则天。皇帝因身体不好有意传位给他，这就危及武则天辅佐丈夫执掌朝政的大权。突然，太子李弘死于洛州合璧宫绮运殿，他的死成为历史上的一个谜。不少史学家认为李弘是被武则天用毒酒杀死的；也有人认为李弘一向多病，无论怎样，李弘一死，他们母子间的权力之争就这样不了了之了。

继任太子的是武则天的次子李贤，他与武则天也爆发了一场激烈的权力之争。上元三年（676年）初，李贤被立为太子不久，唐高宗曾想再次传位于皇后，遭到宰相郝处俊和中书侍郎李义琰的激烈反对，这两位士族出身的官僚引经据典要皇帝"谨守宗庙，传之子孙"。唐高宗因此作罢，一心培植儿子李贤，任命郝处俊和新提拔的李义琰两名宰相兼任太子左、右庶子，辅佐李贤。李贤也召集张大安等一批学者注《后汉书》，实际上在后党北门学士之外另立太子的宗派。唐高宗数次命他监国，"太子处事明审，时论称之"，表现得比他哥哥更有能力，而和武则天之间却存在隔阂。武则天命北门

学士撰《少阳政范》和《孝子传》给李贤读，李贤并不顺从。正谏大夫明崇俨"私奏章怀太子不堪承大位"，消息泄露出去被李贤知道。仪凤四年（679年）五月的一天夜里，明崇俨突然遇刺身亡，这被认为是太子谋反的罪证。武则天不同意皇帝要宽宥李贤的想法，说："为人子怀逆谋，天地所不容；大义灭亲，何可赦也！"李贤终于被废，并遭到幽禁。四年后，文明元年

（684年）二月，在废唐中宗后第三天，武则天派人去巴州（今四川巴中）杀了李贤。李贤成为与武则天争权的牺牲品。

弘道元年（683年）十二月，唐高宗病逝，临终遗诏："太子李显于枢前即位，军国大事有不能裁决者，由武则天决定。"四天以后，李显即位，是为唐中宗。武则天被尊为皇太后继续过问国事。两个月后，嗣圣元年（684年）二月，唐中宗被废，他

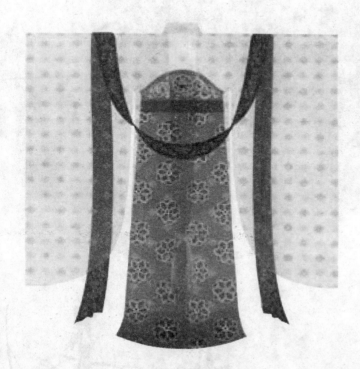

想让岳父韦玄贞当侍中，授予乳母的儿子五品官，和中书令裴炎顶撞起来，武则天立即命裴炎等带禁军上殿，将唐中宗撵下宝座，废为庐陵王。她再容不得一个想把握实权的人坐在皇帝位上，哪怕那个人是她的亲生儿子。

武则天严密防范儿子们，牢牢把政权掌握在自己的手里，这就使士族官僚、士大夫复辟门阀政治的活动无隙可乘。无论当时一心夺权的武则天是否明确想到过这一层，她同儿子们的争夺必将导致这样的后果。

（五）征服四夷

唐高宗在世时，和边疆少数民族的关系比较紧张。龙朔三年（663年）吐蕃吞灭吐谷浑后，又于咸亨元年（670年）攻陷西城十八州及拔换城（今新疆阿克苏），唐罢龟兹、于阗、焉耆、疏勒四镇。其后唐军还在大

非川（今青海共和县切吉平原）和青海湟川接连大败。高宗末年，西突厥联合吐蕃、侵逼安西，不断举兵反唐，四镇一再易手。调露元年（679年）东突厥二十四州酋长皆反，三十年无事的北边烽火连年。东边，唐军平高句丽后不过八年，便于上元三年（676年）撤回辽东。武则天临朝，各方都不安宁。

1.平定突厥

对叛唐复立的东突厥，武则天除了调动军队进行防御战外，还以极大的耐心和宽容争取和解，正如在对契丹作战时得到突厥的配合，突厥两次突袭契丹后方，使骚扰河北的战火很快平息下来。武则天授予突厥可汗"立功报国可汗"的称号，并兑换咸亨年间安置再丰（今内蒙古临河东）、夏（今陕西靖边县白城子）、朔（今山西朔县西南）、胜（今内蒙古准格尔旗东北十二连城）、灵（今宁夏灵武西南）、代（今山西代县）六州的突厥降户数千帐，又给谷四万斛，杂彩五万段，农器三千事，铁四万斤，后来还建立了和亲关系。武则天当时虽未能完全遏制突厥的不断侵掠，但由于比较重视发展内地和突厥族间从生活资料到生产资料的交换关系，为天宝初年突厥再次来归，并为最终融合在我们民族大家庭中准备了条件。

2.巩固西陲

吐蕃自松赞干布和禄东赞死后，在西边为患三十年。大规模屯田的成功，加强了大唐西北边防的实力，武则天很有战略眼光地派出右鹰扬卫将军王孝杰为武威军总管，与武卫大将军阿史那忠节率兵赴西域征讨吐蕃。军队同吐蕃反复争夺安西四镇，终于在长寿元年（692年）由王孝杰率军收复

安西四镇，派三万汉兵镇守，以巩固西北边防，维持东西方丝绸之路的畅通。对吐蕃请罢安西四镇戍兵和分十姓突厥之地的无理要求，武则天派郭元振调查，最后采用郭元振的建议，向吐蕃声明：设置安西四镇就是为了扼其东侵，若吐蕃实无东侵之意，可归还吐谷浑诸部和青海地作为交换，婉转地拒绝了吐蕃的要求。武则天连年派出和亲使，作出友好的高姿态。怀

念松赞干布和文成公主时代唐蕃亲密关系的吐蕃人民，因而怨好战的论钦陵，终于这个三十年来破坏唐（周）蕃关系的罪魁祸首在内讧中自杀。

3.征讨契丹

东北的契丹，因不堪忍受营州（今辽宁朝阳）都督赵文翙的欺凌，于万岁通天元年（696年）起兵反抗，攻陷营州、冀州（今河北省冀县）、瀛洲（今河北省河间）、幽州（今北京）、赵州（今河北省赵县），一路杀掠屠城，收复安西四镇的王孝杰也战死了。由于东突厥的配合，奚族反水，才平息了这一事件。事后武则天赦免的契丹勇将李楷固、骆务整曾建功击平契丹余党。但开元以后民族纷争仍一直不断，由于唐玄宗处置不当，酿成安史之乱，唐王朝从极盛的巅峰一下子跌落下来。

总之在边防和民族关系上，武则天时期采取各种手段努力镇抚，取得一定成

效，但问题也很严重，给各族人民带来惨痛的劫难。不过就整个形势的发展而言，治边的问题历代层出不穷，不能完全归罪于武则天。

4.平息内乱

嗣圣元年（684年）二月，中宗欲以韦后父韦玄贞为侍中，裴炎力谏不听，武则天遂废唐中宗为庐陵王，并将其贬至房州（治所在今湖北房县）。立第四子豫王李旦为帝，是为唐睿宗，武则天以皇太后的身份临朝称制，自专朝政。从此至武则天下台的神龙元年（705年），（其中包括天授元年起武则天称帝的十五

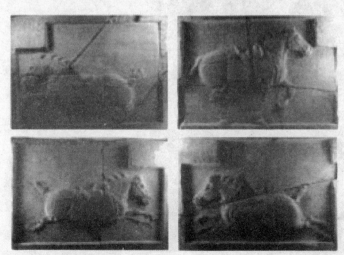

年），史称"则天朝"（684—705）。这是武则天"圣衷独断"，掌握着全部皇帝权力的二十一年。

在武则天临朝称制和称帝的时期，最引人注目的是文明元年（684年）的扬州起兵，垂拱四年（688年）的宗室起兵和自文明元年至万岁通天二年（697年）长达十四年的酷吏政治。反对派官僚和李唐宗室两次发动武装叛乱，武则天任使酷吏，以滥刑恐怖"回报"叛党。

发动扬州起兵

的是以李勣（原名徐世勣）之孙李敬业（徐敬业）、李敬猷兄弟为首的遭到贬谪的失意官僚。唐高宗死后政局动荡，他们以为有机可乘，举兵联合骆宾王等，以支持庐陵王为号召，还抬出一个貌似李贤的人，扬言"贤不死，亡在此城中，令吾属举兵"。发了一篇骆宾王起草的《讨武曌檄》，向武则天公开挑战："请看今日之域中，竟是谁家天下！"他们十多天内就聚合了十万部众，占领了扬（今江苏扬州）、润（今江苏镇江）、楚（今江苏淮安）三州，却没有渡淮北上直取洛阳与武则天决战，而

是因金陵（今江苏南京）有王气，可以守江自固，掉头南下，营筑分裂割据的"霸基"去了。

武则天看到对自己极尽诽谤谩骂之能事的檄文不过微微一笑，她问明作者是骆宾王，还可惜这样的人才居然流落在外，如果在庙堂之上，做宰相也不为过。武则天果断地处决了在朝中利用这一事件要挟自己退位的裴炎，一面以左玉铃大将军李孝逸为扬州道大总管，率兵三十万，前往征讨。在淮阴、高邮下阿溪一路鏖战，终于大败叛军。前后四十四天，平

定了扬州，而"海内晏然，纤尘不动"，李敬业一伙搞分裂的野心家得不到社会的同情支持，很快就一败涂地了。十一月，李敬业兵败自杀。

武则天命令僧薛怀义率领一万多人，毁乾元殿，建明堂，费时近一年落成，高二百九十四尺，阔三百尺。共三层，上为圆盖，盖上立有铁凤，高一丈。饰以黄金，称为"万象神宫"。所花费用以万亿

计，政府财政为之枯竭。是年武承嗣命人凿白石为文曰："圣母临人，永昌帝业。"并号称在洛水中发现此白石，献给武后，武后大喜，命其石曰"宝图"。

垂拱四年（688年）五月，武则天加尊号为"圣母神皇"，并正式称"陛下"，这明白无误地传递着改朝换代的信息。一时盛传预定在年底举行的明堂朝会是个阴谋，待诸州都督、刺史及宗室外戚会齐，

武则天要对宗室子弟下毒手。于是李唐宗室诸王策划举兵反抗，还是以"迎还中宗"及营救被幽禁的唐睿宗皇帝为旗号。

卷入这一事件的有以韩王李元嘉为首的宗室王公大臣和公主驸马十余人，但因计划泄漏，只有琅玡王李冲及其父越王李贞两人仓促起事。李贞在博州（今河南汝南）起兵接应时，李冲已经兵败战死，李贞无奈，一度想罢兵赴阙请罪。武则天派十万大军前往讨伐，围城攻坚，李贞征

募的七千人马毫无斗志，争先恐后坠城出
降，越王见大势已去，服毒自尽。

两次宗室起兵简直都不堪一击。回
想他们的先祖，从西魏柱国大将军李虎到
李唐开国皇帝李渊、李世民，都是以武功
见长，但随着关陇军事集团的衰败，他们
的子孙把马上征战的看家本领也忘光了。
在政治上斗输之后，兵戎相见时也敌不过
武则天。至此关陇集团只好绝了死灰复
燃、东山再起的希望。这是被历史巨浪淘
去的一代风流。关陇集团在其存在的一

个多世纪里曾有过很高的建树，历史铭记
着他们为结束南北朝的纷乱，开创大一统
繁盛局面的贡献。李氏一家，从李虎到李
世民四代人都可为之见证。但他们从下层
上来后又趋向与旧门阀合流，在面向未来
时又代表着过去，背上了沉重的包袱。于
是历史又选出武则天来取代关陇集团，以
便于整个社会结构的改造更适合新社会
的特点，从而能比较顺利地前进。

（六）重用狄仁杰

狄仁杰（630—700），字怀英，生肖为虎。唐代并州太原（今太原南郊区）人。生于隋大业三年，即607年（一说生于唐贞观四年，即630年），卒于武则天久视元年（700年）。武则天时期任宰相，是杰出的政治家。应试明经科（唐代科举制度中科目之一），从而步入仕途。从政后，经历了唐高宗与武则天两个时代。初任并州都督府法曹，转大理丞，改任侍御史，历任宁州、豫州刺史、地官侍郎等职。狄仁杰为官，如老子所言"圣人无常心，以百姓心为心"，为了拯救无辜，敢于拂逆君

主之意，始终保持体恤百姓、不畏权势的
本色，始终是居庙堂之上，以民为忧，后人
称之为"唐室砥柱"。

　　狄仁杰出生于一个官宦之家。祖父
狄孝绪，任贞观朝尚书左丞，父亲狄知逊，
任夔州长史。狄仁杰通过明经科考试及
第，出任汴州判佐。时工部尚书阎立本为
河南道黜陟使，狄仁杰被吏诬告，阎立本
受理讯问，他不仅弄清了事情的真相，而
且发现狄仁杰是一个德才兼备的难得人
物，谓之"海曲之明珠，东南之遗宝"，推

荐狄仁杰作了并州都督府法曹。

武则天垂拱二年（686年），狄仁杰出任宁州（今甘肃宁县、正宁一带）刺史。其时宁州为各民族杂居之地，狄仁杰注意妥善处理少数民族与汉族的关系，"抚和戎夏，内外相安，人得安心"，郡人为他勒碑颂德。御史郭翰巡察陇右，宁州歌颂狄刺史者盈路，郭翰返朝后上表举荐，狄仁杰升为冬官（工部）侍郎，充江南巡抚使。狄仁杰针对当时吴、楚多淫词的弊俗，奏请焚毁祠庙一千七百余所，唯留夏禹、吴太伯、季札、伍员四祠，减轻了江南人民的负担。垂拱四年（688年），博州刺史琅珂王李冲起兵反对武则天当政，豫州刺史越王李贞起兵响应，武则天平定了这次宗室叛乱后，派狄仁杰出任豫州刺史。当

时，受越王株连的有六七百人入狱，籍没者多达五千人。狄仁杰深知大多数黎民百姓都是被迫在越王军中服役的，因此，上书武则天说："此辈咸非本心，伏望哀其诖误。"武则天听从了他的建议，特赦了这批死囚，改杀为流，安抚了百姓，稳定了豫州的局势。其时，平定越王李贞的是宰相张光辅，将士恃功，大肆勒索。狄仁杰没有答应，反而怒斥张光辅杀戮降卒，以邀战功。他说："乱河南者，一越王贞耳。今一贞死而万贞生。""明公董戎三十万，平一乱臣，不戢兵锋，纵兵暴横，无罪之人，肝脑涂地，此非万贞何耶。""但恐冤声腾沸，上彻于天。如得尚方斩马剑加于君颈，虽死如归。"狄仁杰义正词严，张光辅无言可对，但怀恨在心，还朝后奏狄仁杰出言不逊。狄仁杰被贬为复州（今湖北沔阳西南）刺史，入为洛州司马。

狄仁杰的才干与名望，已经逐渐得到武则天的赞赏和信任。天授二年（691年）九月，狄仁杰被任命为地官（户部）侍郎、同凤阁鸾台平章事，开始了他短暂的第一次宰相生涯。身居要职，狄仁杰谨慎自持，从严律己。一日，武则天对他说："卿在汝

南,甚有善政,卿欲知谮卿者乎?"狄仁杰谢曰:"陛下以臣为过,臣当改之;陛下明臣无过,臣之幸也。臣不知谮者,并为善友。臣请不知。"武则天对他坦荡豁达的胸怀深为叹服。

狄仁杰官居宰相,参与朝政之时,也正是武承嗣显赫一时,踌躇满志之日。他认为狄仁杰将是他被立为皇嗣的障碍之一。长寿二年(693年)正月,武承嗣勾结酷吏来俊臣诬告狄仁杰等大臣谋反,将他们

逮捕下狱。当时法律中有一项条款："一
问即承反者例得减死。"来俊臣逼迫狄仁
杰承认"谋反"，狄仁杰出以非常之举，立
刻服了罪："大周革命，万物惟新，唐室旧
臣，甘从诛戮，反是实！"来俊臣得到满意
的口供，将狄仁杰等收监，待日行刑，不复
严备。狄仁杰拆被头帛书冤，置棉衣中，请
狱吏转告家人"天热了，来把棉衣取回"。
狄仁杰的儿子狄光远得其冤状，持书上
告。武则天召狄仁杰等"谋反"的大臣面
询："承反何也？"狄仁杰从容不迫地答曰：

"向若不承反，已死于鞭笞也。"又问："何
为做谢死表？"答曰："臣无此表。"武则
天令人拿出谢死表，才弄清楚是伪造的。

于是下令释放此案七人，俱贬为地方官。狄仁杰被贬为彭泽令。如此，狄仁杰运用自己的才智计谋死里逃生。以后，武承嗣欲根除后患，多次奏请诛之，都被武则天拒绝。

在彭泽（今江西彭泽）令任内，狄仁杰勤政惠民。赴任当年，彭泽干旱无雨，营佃失时，百姓无粮可食，狄仁杰上奏要求朝廷发散赈济，免除租赋，救民于饥馑之中。万岁通天元年（696年）十月，契丹攻陷冀州（今河北临漳），河北震动。为了稳定局势，武则天起用狄仁杰为与冀州相邻的

魏州（今河北大名一带）刺史。狄仁杰到职后，改变了前刺史独孤思庄尽趋百姓入城，缮修守具的做法，让百姓返田耕作。契丹部闻之引众北归，使魏州避免了一次灾难。当地百姓歌颂他，为他立碑。不久，狄仁杰升任幽州都督。

狄仁杰的社会声望不断提高，武则天为了表彰他的功绩，赐给他紫袍、龟带，并亲自在紫袍上写了"敷政木，守清勤，升显

位，励相臣"十二个金字。神功元年（697年）十月，狄仁杰被武则天召回朝中，官拜鸾台侍郎、同凤阁鸾台平章事，加银青光禄大夫，兼纳言，恢复了宰相职务，成为辅佐武则天掌握国家大权的左右手。此时，狄仁杰已年老体衰，力不从心。但他深感个人责任的重大，仍然尽心竭力，关心社会命运和国家前途，提出一些有益于社会和国家的建议或措施，在国家的社会政治生活中发挥了巨大的作用。

　　圣历元年（698年），武则天的侄儿武承嗣、武三思数次使人游说太后，请立为太子。武则天犹豫不决。狄仁杰以政治家的深谋远虑，劝说武则天顺应民心，还政于庐陵王李显。当时，大臣李昭德等也曾劝武则天迎立李显，但没有为武则天所接受。对武则天了解透彻的狄仁杰从母子亲情的角度从容地劝说她："立子，则千秋万岁后配食太庙，承继无穷；立侄，则未闻侄为天子而附姑于庙者也。"武则天

说："此朕家事，卿勿预知。"狄仁杰沉着而郑重地回答："王者以四海为家。四海之内，孰非臣妾？何者不为陛下家事！君为元首，臣为股肱，义同一体。况臣位备宰相，岂得不预知乎？"最终，武则天感悟，听从了狄仁杰的意见，亲自迎接庐陵王李显回宫，立为皇嗣，唐祚得以维系。狄仁杰因此被历代政治家、史学家称为有再造唐室之功的忠臣义士。

圣历元年（698年）秋，突厥南下骚扰河北。武则天命太子为河北道元帅、狄仁杰为副元帅征讨突厥。时太子不行，武则天命狄仁杰知元帅事，亲自给狄仁杰送行。突厥默啜可汗尽杀所掠赵、定等州男女万余人退还

漠北，狄仁杰追之不及，武则天改任他为河北道安抚大使。面对战乱后的凋残景象，狄仁杰采取了四条措施：一、上书请求赦免河北诸州，一无所问，使被突厥驱逼行役的无辜百姓乐于回乡生产。二、散粮运以赈贫乏。三、修驿路以济旋师。四、严禁部下侵扰百姓，犯者必斩。这些举措的实施很快恢复了河北的安定。

久视元年（700年），狄仁杰升为内史（中书令）。这年夏天，武则天到三阳宫避暑，有胡僧邀请她观看安葬舍利（佛骨），奉佛教为国教的武则天答应了。狄仁杰跪于马前拦奏道："彼胡僧诡谲，直欲邀致万乘所宜临也。"武则天遂中道而还。是年秋天，武则天欲造浮屠大像，预计费用多达数百万，宫不能足，于是诏令天下僧尼施钱以助。狄仁杰上书谏曰："如来设教，以慈悲为主。岂欲劳人，以在虚饰？""比来水旱不节，当今边境未宁。若费官财，又尽人力，一隅有难，将何以救之？"武则天接受了他的建议罢免了其役。

作为一名精忠谋国的宰相，狄仁杰知人善任，也常以举贤为意。一次，武则天让他举荐一名将相之才，狄仁杰向她推举了

荆州长史张柬之。武则天将张柬之提升
为洛州司马。过了几天，又让狄仁杰举荐
将相之才，狄仁杰曰："前荐张柬之，尚未
用也。"武则天答已经将他提升了。狄仁
杰曰："臣所荐者可为宰相，非司马也。"
由于狄仁杰的大力举荐，张柬之被武则
天任命为秋官侍郎，又过了一个时期，升
位宰相。后来，在狄仁杰死后的神龙元年
（705年），张柬之趁武则天病重，拥戴唐

中宗复位，为匡复唐室作出了巨大的贡献。狄仁杰还先后举荐了桓彦范、敬晖、窦怀贞、姚崇等数十位忠贞廉洁、精明干练的官员，他们被武则天委以重任之后，政风为之一变，朝中出现了一种刚正之气。以后，他们都成为唐代中兴名臣。对于少数民族将领，狄仁杰也能举贤荐能。契丹猛将李楷固曾经屡次率兵打败武周军队，后兵败来降，有官员主张处斩。狄仁杰认为李楷固有骁将之才，若恕其死罪，必能感恩效节，于是奏请授其官爵，委以专征，武则天接受了他的建议。果然，李楷固等率军讨伐契丹余众，凯旋。武则天设宴庆功，举杯对狄仁杰说："公之功也。"由于狄仁杰有知人

之明，有人对狄仁杰说："天下桃李，悉在公门矣。"

　　在狄仁杰为相的几年中，武则天对他的信重是群臣莫及的，她常称狄仁杰为"国老"。狄仁杰喜欢面引廷争，武则天"每屈意从之"。狄仁杰曾多次以年老告退，武则天不许，入见，常阻止其拜。武则天曾告诫朝中官吏："自非军国大事，勿以烦公。"

久视元年（700年），狄仁杰病故，朝野凄恸，武则天哭泣着说："朝堂空也。"赠文昌右相，谥曰"文惠"。唐中宗即位，追赠司空。唐睿宗又封之为梁国公。

（七）制定严刑酷法

为了给一切公开和潜在的对手以最沉重的打击，武则天作为一个专制君主，除了动用军事机器进行镇压外，平时多倚仗严刑酷法慑服群臣。

垂拱二年（686年）三月，武则天下令制造铜匦（铜制的小箱子），置于洛阳宫城之前，随时接纳臣下表疏。同时，又大开告密之门，规定任何人均可告密。凡属告密之人，国家都要供给驿站车马和饮食。即使是农夫樵人，武则天都亲自接见。所告之事，如果符合旨意，就可破格升官。如所告并非事实，亦不会问罪。同时，武则天又先后任用索元礼、周兴、来俊臣、侯思止等一大批酷吏，掌管制狱，被告者一旦被投入此狱，酷吏们则使用各种酷刑审讯，能活着出狱的百无一二。这样，随着告密之风的日益兴起，被酷吏严刑拷打致死的人日渐增多。于是在朝廷内外便形成了十分恐怖的政治气氛，以致大臣们每次上朝之前，都要和家人诀别，惶惶不可终日。

武则天很快就建立了一支凶残狠毒没有人性的酷吏队伍。后来受到禁锢惩治的二十七名大酷吏中就包括周兴、来俊臣等臭名昭著的家伙。他们编写《告密罗织经》教唆其徒陷害无辜，设计出"定百脉""求即死"等刑具和骇人听闻的酷刑。凡下狱者，几乎无一生还。那是封建专制历史上极黑暗极恐怖的一页，武则天本人因而也难逃"千古未有之忍人"的恶名。

她这一套还被后代的专制独裁者传承、流毒深远。

从文明元年（684年）杀李贤、裴炎开始，到万岁通天二年（697年）来俊臣弃市为止，十四年间可以统计到的四十余宗大案里，李唐宗室近支被诛杀殆尽，特别是有资格同武则天争夺皇位的唐高祖、唐太宗、唐高宗三代皇帝的皇子，除了武则天自己生的李显、李旦二人外，无一幸免。十四年间任职宰相五十八人，被杀被贬的各二十一人，而冤杀禁军主将程务挺、王方翼、李孝逸、黑齿常之、泉献诚等，又使军队战斗力大损。武则天因此也丧失群臣的信赖，一批旧臣难忘中兴之计，酝酿政变，埋伏下最终导致她下台的危机。

这场酷吏的恐怖政治主要是针对宗室贵族和上层官僚的，对社会下层骚扰不大。武则天的做法当时还得到了一些官吏的谅解，他们也认为"不峻刑名，不可摧奸息暴"，而"苍生晏然，紫宸易主"，是一"大哉伟哉"的成功。武则天在酷吏猖獗时注意悉心保护了徐有功、魏元忠、狄仁杰等一批直臣，而当皇权在她手里逐渐巩固时，她便陆续处置了包括周兴、来俊臣在内的大部分酷吏，放弃了酷吏政治，并在生前下诏平反了所有冤狱。我们还应该看到，搞酷吏政治的滥刑和当时武则天破格用人的滥选相辅相成，造成官僚队伍的不断更迭。在这个变动中，大量普通地主涌上政治舞台，不少旧门阀士族被清除出去，士族门阀世袭的政治特权无从维系，新兴普通地主得到了在政治上发展的机会。没有完全被酷吏政治的血腥气淹没的社会，还是挣扎着蹒跚地迈出了向前的步履。

（八）武后造字

690年，僧法明等撰《大云经》四卷，指武后是弥勒佛下世，当代唐为天下主，武后下令颁行天下。命两京诸州各置大云寺一所，藏《大云经》，命僧人讲解，并提升佛教的地位在道教之上。九月侍御史傅游艺率关中百姓九百人上表，请改国号为周，赐皇帝姓武。于是百官及皇室宗亲、百姓、四夷酋长、沙门、道士共六万余人，亦上表请改国号。武后准所请，改唐为周，

改元天授。武后称圣神皇帝，以睿宗为皇嗣，赐姓武氏，以皇太子为皇孙。立武氏七庙于神都，追尊周文王曰：始祖文皇帝。立武承嗣为魏王，武三思为梁王，其余武氏多人为王及长公主。

武则天是中国历史上唯一的一位女皇帝，她除了改服易帜、频繁改元、变更职官名称外，还相信文字对于思想统治的力量，发明了一些全新的文字，替代原有的文字，以除旧布新、树立权威，实际上也有好大喜功和愚民因素在里面；后世称这些文字为"则天文字"。

则天文字不纯粹凭空创造，也有依托古字而改，例如改"天"字时就是利用了"天"字的篆书，表明武则天效法古代先贤，有"法古"之意；但更多的是全新创造，强调她发动的是一场革命，不但在政治上革了李唐王朝的命，在文化上也要革命，所以要"自我作古"，创造一个全新的时代。

那么则天文字究竟有多少个呢？由于武则天命人所作的、收录有所有则天文字的《字海》已经失传，因此历来

众说纷纭，有十二个、十六个、十七个、十八个、十九个和二十一个等说法，而有记载的则天文字则有三十个左右。因为有些单字的新写法有两种，或者因为印刷、手写方式不同而产生错误，形成变体字，按原字则算一个字，按新字则算两个字或更多，所以造成了统计的不同。如果按原字计算，则二十一个的说法是其中字数最多的，十七个的说法是被普遍认同的。

　　则天文字在全中国仅通行十五年，虽然字并不是很多，但都是常用字，所以造成了一定的混乱。文物鉴定上也常常把则天文字的出现视为武周时期的一个特有现象。随着女皇帝的退位，神龙元年二月初四甲寅日（705年3月3日）唐中宗复国号为大唐，武周王朝告终，原字恢复，则天文字虽未被立刻废止，但由于书写困难，渐渐被人们淡忘，最终停止使用。然而，由于武则天的影响力，则天文字不但在中国本土流传开来，还传到国外。虽然如今

的则天文字已成为死文字，除文史研究外，日常生活中已经不再使用，但它仍然保存了下来而没有消失。

（九）豢养男宠

万岁通天二年（697年），太平公主把"年少、美姿容、善音律"的张昌宗推荐给母亲武则天。张昌宗又把他的哥哥张易之也拉进宫里。兄弟俩成为薛怀义之后的又一代男宠，连权势炙热的武承嗣、武三思等一班贵戚重臣都不得不在他俩面前像门生家奴一样恭敬。

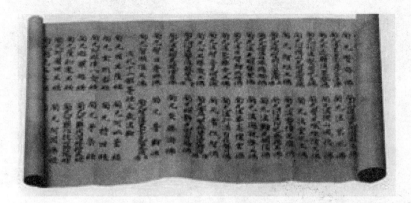

　　圣历二年（699年），武则天为张易之置控鹤监，以张昌宗、田归道等为控鹤监内供奉。同时，武则天又命张昌宗为修书使，召张说、徐坚刘知几等二十六人在内殿修《三教珠英》，这是一部关于儒、释、道的百科全书。控鹤监网罗才能文学之士参与，类似以前设"北门学士"，是想以二张为核心再形成一股新的亲信力量。朝臣中一批趋炎附势的人物也投靠二张，包括苏味道、房融等宰相，占当时曾在相位人数的三分之一。像武则天复立庐陵王为太子这样的大事，也是经二张策划游说而决定的，由此可见他们干预政事之深，决非等闲之辈。

五、政变复唐

　　二张得势后，经常打击不顺从自己的大臣乃至王公贵戚，武则天为之贬逐多年最受重用的魏元忠、张说和杨元禧、杨元亨兄弟，长安元年（701年）又杀了私下议论武则天委政张易之兄弟的李显长子邵王重润（懿德太子）和他的妹妹永泰公主、妹夫武承嗣子魏王武延基。官员们则利用张氏兄弟贪赃枉法和引术士占相等案件，将他们绳之以法，可是武则天一再

将他们赦免。诉诸法律解决不了问题，一场政变就不可避免了。

策划政变主要人物是宰相张柬之等五人，政变成功后他们都被封王，所以历史上称这次政变为"五王政变"。另一名宰相姚崇，是重要的幕后人物。中央禁军中，右羽林卫大将军李多祚和左、右羽林卫将军杨元琰、李湛、薛思行等参与政变，五王中敬晖、桓彦范也有将军衔。政变集团还联络好太子李显、相王李旦、太平公主和武则天外家杨执一等人。

神龙元年（705年）正月，趁武则天卧病不起，张柬之等发动了政变，首先率羽林军五百余人顺利占据了宫城正北的玄武门，突入宫中，直奔武则天居住的迎仙宫，在廊下当即将张易之、张昌宗处死，而后又杀了他们的兄弟几个，他们的党羽流放外地的有房融等数十人。当时他们回答武则天，政变是张易之、张昌宗谋反，奉太子之令诛之。武则天看到李义府子李湛也参与政变，非常生气，李湛受到责备，愧无以对。政变的性质是反二张的，从根

本上说，不是反武则天的，参与政变的许多人物，包括太子、太平公主、姚崇等，都和武则天有很好的关系，但是因为二张弄权，不得不铤而走险，以政变为自安计。但是既然政变已经成功，完全控制住局势，就顺便把武则天请下台。次日，他们以武则天的名义下《命皇太子监国制》。第三天，武则天被迫传位给太子李显，上尊号为则天大圣皇帝。恢复唐国号、百官、旗帜、服色、文字等皆复旧制，恢复以神都为东都，武周政权至此结束。

武则天搞酷吏政治，虽然一时维护了她的统治，但这件很不得人心的事在武则天君臣关系中留

下了深深的伤痕，表面上后来融洽起来的君臣关系下面埋伏着信任危机，因此武则天的晚年政治实际上是非常孤立的。内心的空虚寂寞使她不得不在政治上求助于二张，而这样做又使她陷入更加孤立的境地，最后二张为她招来了政变。这位在半个世纪政治斗争中的长胜者，终于没有逃脱悲剧性的结局。政策在社会上必然的反馈使她自食恶果。

705年十一月，武则天死于洛阳宫城西南的上阳宫仙居殿，终年82岁。遗诏去帝号，称则天大圣皇后。有人反对武则天与唐高宗合葬乾陵，唐中宗没有理睬，亲自将灵柩护送回长安，隆重地为母亲举行了葬礼。复立庐陵王以后，武则天母子前嫌俱释，这一成功的决策安定了当时的政局，也为武则天身后赢得哀荣。

乾陵是我国唯一一座一对皇帝夫妻的合葬陵，陵前高耸着一块武则天纪念碑，这庄重的巨碑意味深长地一字未刻。有的人说是因为女皇帝的功绩盖世，无法以文字表达；有的人说是因为武则天功过是非，当时人难于结论。这座闻名于世的无字碑，千年来昂然挺立，它似乎象征着武则天对自己一生事业的信心，应该是有意留下空白，任凭世人评说吧！

六、历史评价

对于武则天，从唐代开始，历来有各种不同的评价，角度也各不相同。唐代前期，由于所有的皇帝都是她的直系子孙，所以当时对武则天的评价相对比较积极，比较正面。但随着时间的推移，特别是司马光所主编的《资治通鉴》，对武氏加以严厉批判。到了南宋期间，程朱理学在中国思想上占据了主导地位，轻视妇女的舆论决定了对武则天的评价。譬如明末清初

的时候，著名的思想家王夫之，就曾评价武则天"鬼神之所不容，臣民之所共怨"。唯一不可否认的是，武则天对历史做出过巨大的贡献。

武则天对历史发展做出的第一个贡献是打击了保守的门阀贵族。武则天被立为皇后以后，把反对她做皇后的长孙无忌、褚遂良等人一个一个地都赶出了朝廷，贬逐到边远地区。这对于武则天来说，是杀鸡儆猴，但这些关陇贵族和他们的依附者，在当时已经成为一种既得利益的保守力量。把他们赶出政治舞台标志着关陇贵族从北周以来长达一个多世纪统治的终结，也为社会进步和经济发展创造了一个良好的条件。

第二个贡献是促进了经济的发展。虽然，唐代统治者早在贞观（唐太宗年号）年间就提出过"劝农桑"的政策，但是由于各种原因，未能很好地施行。因此，武则天在"建言十二事"中就建议"劝农桑，薄赋役"。在她掌权以后，又编撰了《兆人本业记》颁发到州县，作为州县官劝农的参考。她还注意地方吏治，加强对地主官吏的监察。对于土地被兼并而逃亡的农

民，也采取比较宽容的政策。因此，武则天统治时期，社会是相当安定的，农业、手工业和商业都有了长足的发展，人口也由唐高宗初年的380万户进一步增加到615万户，平均每年增长9.1%。这在中古时代，是一个很高的增长率，也是反映武则天时期唐代经济发展的客观数据。

第三个贡献是稳定了边疆形势。武则天执政后，边疆并不太平。西突厥攻占了安西四镇，吐蕃也不断在青海一带对唐展开进攻。北边一度臣服的突厥和东北的契丹一直打到河北中部。武则天一方面组织反攻，恢复了安西四镇，打退了突厥、契丹的进攻，一方面在边地设立军镇和常

驻军队，并把高宗末年在青海屯田的做法推广到现甘肃张掖、武威、内蒙古五原和新疆吉木萨尔一带。以温和的民族政策，接纳多元文化的发展。对在屯田工作上做出了巨大贡献的娄师德，武则天特致书嘉勉。书中特别指出，由于屯田，使得北方镇兵的粮食"数年咸得支给"。

第四个贡献是推动了文化的发展。唐人沈既济在谈及科举制度时说道："太后颇涉文史，好雕虫之艺。"又说："太后君临天下二十余年，当时公卿百辟，无不以文章达，因循日久，浸已成风。"沈既济的这些话包含了丰富的内容。一是武则天重视科举，大开志科。有一次策试制科举人时，她亲临考场，主持考试。二是当时进士科和制科考试主要都是考策问，也就是如今的申论。文章的好坏是录取的主要标准。三是武则天用人不看门第，不问是否是高级官吏的子孙，而是看是否有政治才能。因此特别注意从科举出身者中间选拔高级官吏。科举出身做到高级官吏的读书人越来越多。这就大大刺激了读书人参加科举的积极性，更刺激了一般人读书学习的热情。这就是沈既济所说的"浸已成风"。开元、天宝年间"父教其子，兄教其弟"，"五尺童子耻不言文墨焉"的社会风气，就是从武则天时期开始的。正是文化的普及，推动了文化的全面发展。著名的诗人和文学家崔融就是这个时期涌现出

来的。这时的雕塑、绘画也达到了前所未有的水平。

　　武则天主政初期，由于大兴告密之风，重用酷吏周兴、来俊臣等，加上后世史学家不齿于她拥有"男宠"，所以史书内都对她的所作所为大加鞭挞，直斥其阴险、残忍、善弄权术，与中宗时韦后之专政，合称为武韦之乱。但赵翼为武则天的私生活辩护，说："人主富有四海，妃嫔动至千百，后既身为女王，而所宠幸不过数人，固亦无足深怪，故后初不以为讳，并诺不必讳也。"